Pa mor goch yw coch?

Addysgu a dysgu drwy gyfrwng celf gyda phlant rhwng 3-7 oed

Pecyn cymorth ar gyfer Celf yn y Blynyddoedd Cynnar

engage in the
visual arts

Fiona Godfrey

Cynnwys
Pa mor goch yw coch?

Cyflwyniad

Pa mor goch yw coch?

Mae'r pecyn cymorth hwn yn cynnig syniadau ynglŷn â sut i ddefnyddio gwaith celf ac orielau fel mannau cychwyn ar gyfer addysgu a dysgu plant rhwng 3 a 7 oed.

Daw'r holl syniadau'n uniongyrchol o brofiadau athrawon, artistiaid ac addysgwyr orielau sy'n ymwneud â rhaglen ymchwil gweithredol a gafodd ei chynnal rhwng 2005 a 2009. Wedi eu hariannu gan engage a saith awdurdod lleol yng Nghymru, daeth artistiaid, orielau a safleoedd blynyddoedd cynnar at ei gilydd i archwilio sut y gallai plant ddysgu drwy gyfrwng celf yng nghyd-destun y cwricwlwm Cyfnod Sylfaen newydd yng Nghymru. Ym mhob prosiect, gweithiodd artist gyda phlant yn yr oriel ac yn ôl yn yr ysgol. Dyfeisiwyd ac arweiniwyd gweithgareddau gan artisiaid, athrawon a chynorthwywyr dosbarth. Dogfennwyd a gwerthuswyd prosiectau yn eang.

Dangosodd yr ymchwil gweithredol bod ymweliadau ag orielau a gweld gwaith celf drostynt eu hunain yn cynnig mannau cychwyn a chyfeiriadau ysbrydoledig i blant; gan ysgogi dysgu ar draws y cwricwlwm. Am astudiaethau achos a mwy o wybodaeth am ddarganfyddiadau ymchwil ewch i wefan engage **www.engage.org**.

'Pan sylweddolom sawl maes dysgu roeddem yn eu trafod, sylweddolom nad diwrnod celf oedd hwn ond diwrnod Cyfnod Sylfaen.'

Athro Dosbarth Derbyn

engage, National Association for Gallery Education, sy'n cefnogi mynediad a mwynhad o'r celfyddydau gweledol drwy addysg oriel.

Mae engage yn gweithio mewn pedwar prif faes:

- **Datblygiad Proffesiynol ar gyfer y rhai hynny sy'n gweithio mewn addysg oriel** – cynadleddau, seminarau, rhaglenni hyfforddi a chymorth cyfoedion

- **Eiriolaeth** – hyrwyddo rôl unigryw addysg oriel i'r ariannwyr a phenderfynwyr a dylanwadu ar bolisi ac ymarfer

- **Ymchwil** – prosiectau a rhaglenni addysg oriel

- **Lledaenu** – rhannu arfer da drwy gyfnodolyn ddwywaith y flwyddyn, cyhoeddiadau, gwefan a digwyddiadau

Mae gan **engage** 1,100 o aelodau yn y DU ac yn rhyngwladol. Mae artistiaid, athrawon a staff orielau ymhlith yr aelodau.

Am fwy o wybodaeth ynglŷn ag engage a rhaglen ymchwil gweithredol **engage yn y Cyfnod Sylfaen** ewch i www.engage.org.uk

engage yn y celfyddydau creadigol

Ynglŷn â'r Cyfnod Sylfaen

Y Cyfnod Sylfaen yw'r fframwaith cwricwlwm statudol ar gyfer plant rhwng 3 a 7 oed yng Nghymru.

Cyflwynwyd y Cyfnod Sylfaen i bob plentyn 3-4 oed ym mis Medi 2008 ac wedyn i grwpiau hŷn flwyddyn ar ôl blwyddyn, er mwyn ei weithredu'n llawn i blant 7 oed o fis Medi 2011. Mae arweiniad gan Lywodraeth Cynulliad Cymru[1] yn disgrifio sut mae'r Cyfnod Sylfaen yn annog agwedd hyblyg at ddysgu sy'n cwrdd ag anghenion pob plentyn, beth bynnag yw graddfa a phatrwm datblygiad.

Mae cwricwlwm y Cyfnod Sylfaen yn pwysleisio:
- Mai chwarae ddylai fod yn brif gyfrwng ar gyfer dysg plentyn
- Pwysigrwydd creu amgylcheddau dysgu sy'n ysgogi datblygiad plentyn a'i chwilfrydedd naturiol i archwilio a dysgu
- Canologrwydd datblygiad a lles emosiynol plant
- Pwysigrwydd darparu amrywiaeth gyfoethog o gyfryngau ac adnoddau gall y plant eu defnyddio i archwilio a mynegi eu hunain
- Parch at syniadau, diddordebau a ffurf mynegiant unigol plant
- Y dylai dysgu ddigwydd drwy gydbwysedd o weithgareddau wedi'u hysgogi gan blant ac wedi'u harwain gan oedolion
- Dylai dysgu fod yn gyfannol yn hytrach na chyfyngedig i un maes cwricwlaidd yn unig

Mae saith Maes Dysgu yn y Cyfnod Sylfaen, sef:
- Datblygiad creadigol
- Datblygiad personol a chymdeithasol, lles ac amrywiaeth diwylliannol
- Sgiliau iaith, llythrennedd a chyfathrebu
- Datblygu'r Gymraeg
- Datblygiad mathemategol
- Gwybodaeth a dealltwriaeth o'r byd
- Datblygiad corfforol

[1] (2006) *Fframwaith ar gyfer Dysgu Plant 3 i 7 oed yng Nghymru* Llywodraeth Cynulliad Cymru

Ymweld

ag orielau gyda phlant bach

Gall mynd â phlant bach i oriel ymddangos yn dasg ddigon digalon. Fodd bynnag, gwelwyd pa mor werthfawr y gallai'r profiad fod drwy gyfrwng y gwaith ymchwil. Dyma rai syniadau i'ch cynorthwyo gyda chynllunio ymweliad.

Dewis arddangosfeydd

Bydd plant yn canfod eu hymatebion eu hunain i beth bynnag maent yn ei weld, felly does dim angen pendroni ynglŷn â dewis yr arddangosfa sy'n iawn ar eich cyfer chi. Eich rôl fel oedolyn yw cefnogi ac ehangu ymatebion greddfol y plant, felly does dim angen i chi fod yn arbenigwr ar y gwaith sy'n cael ei arddangos.

Pryd i ymweld

Mae'n hawdd tybio mai'r adeg orau i ymweld ag oriel yw ar ddechrau prosiect. Fodd bynnag, yn aml mae'n werthfawr i blant wneud eu gwaith perthynol eu hunain yn gyntaf. Yn y modd hwn, byddant yn gweld cysylltiadau gyda'u gwaith eu hunain ac yn teimlo llai o angen i efelychu'r hyn mae'r artistiaid wedi ei wneud.

Yn ystod un prosiect, arbrofodd plant gyda chymysgu tywod â phaent. Roedd hon yn dechneg a ddefnyddiwyd gan yr artist roeddent am ymweld ag ef. O ganlyniad i hyn, roedd gan y plant gysylltiad uniongyrchol â'r peintiadau ac roedd ganddynt syniadau da ynglŷn â'r modd roedd yn creu ei waith. Mewn prosiect arall, gwnaeth plant olion gyda phaent ac mewn past blawd, cyn iddynt weld peintiadau yn darlunio olion a llwybrau.

Ail-ymweliadau

Os yw'r oriel gerllaw, ystyriwch ail-ymweliad. Pan fydd y plant yn dychwelyd i weld yr un arddangosfa ar ôl creu eu gwaith eu hunain fe sylwch ar newidiadau yn eu geirfa a'u hyder.

Gwneud y mwyaf o ymweliadau i orielau

Cynlluniwch eich ymweliad i ganiatáu plant archwilio ar eu cyflymdra eu hunain. Gwnewch yn siŵr bod gennych ddigon o weithgareddau byr ac amrywiol yn barod. Gallai'r rhain gynnwys gweithgareddau fel:

- Dewis eu hoff waith celf a siarad amdano
- Heriau – allwch chi ddod o hyd i rywbeth coch/ bach iawn/ anferth' ac ati
- Cymryd ffotograff o'u dewis hwy o waith celf
- Defnyddio symudiad corfforol i archwilio gofod pensaernïol
- Edrych ar yr adeilad o'r tu allan ac o'r tu fewn
- Gweithgareddau celf ymarferol

Creu celf yng ngofod yr oriel

Gyda chelf yn cael ei arddangos o'u cwmpas a digonedd o le, gall orielau fod yn llefydd bendigedig i blant greu celf. Bydd y rhan fwyaf o orielau'n cefnogi hyn. Yn syml, darperwch yr adnoddau a rhowch ryddid i blant ddatblygu eu syniadau a'u cysylltiadau eu hunain gyda'r celf maent yn ei weld.

Gallai'r gweithgareddau gynnwys:

- Lluniadu a braslunio – gan ddefnyddio darnau mawr o bapur ar y llawr, er enghraifft
- Rhwygo a thorri papur i wneud siapau
- Gludwaith dros dro gan ddefnyddio gwrthrychau glân a deunyddiau fel rhubanau, gwlân, cerrig, cregyn neu bapur tusw

Cysylltu celf â phrofiadau go iawn

Meddyliwch am ffyrdd y gallwch ddod â gwaith celf yn fyw drwy wneud cysylltiadau gwirioneddol â phrofiadau bywyd y plant.

Yn ystod un prosiect, aeth y plant i'r traeth. Yna, yn yr oriel, roeddent yn llawn cyffro pan welsant beintiad o'r union un traeth roeddent wedi ymweld ag ef.

Atgoffa'r plant am eu hymweliad

Mae bob amser yn werthfawr i gynnig ffyrdd gall plant eu defnyddio i fyfyrio dros eu hymweliadau. Gwnewch arddangosfa o luniau o'r plant yn yr oriel neu rhowch nhw mewn llyfr neu ffolder. Prynwch gardiau post o waith celf a lamineiddiwch y cardiau. Cadwch y rhain o fewn cyrraedd i'r plant wrth iddynt wneud gwaith creadigol. Yn ogystal, yn aml bydd orielau'n barod i ddarparu delweddau jpeg i'w harddangos ar sgrin.

Yr awydd i gyffwrdd

Her nifer o orielau yw'r awydd greddfol sydd gan blant i gyffwrdd y gwaith celf maent yn eu gweld. Ystyriwch gael rhai gwrthrychau perthnasol gerllaw y gallant eu trin a'u trafod. Yn dilyn hyn, gallwch drafod gyda'r plant pam mae rhai gwrthrychau yn fwy gwerthfawr nag eraill ac ni ellir eu cyffwrdd.

Gofodau

dysgu creadigol

Mae creu'r gofodau iawn ar gyfer gwaith creadigol yn agwedd hanfodol o ran dull y Cyfnod Sylfaen. Er mai ar gyfer gwaith yn yr ystafell ddosbarth yn bennaf y bwriedir yr adran hon, mae hefyd yn darparu deunydd cnoi cil ar gyfer orielau hefyd.

Amgylcheddau dysgu creadigol

Dylai ystafelloedd dosbarthiadau blynyddoedd cynnar gael 'darpariaeth barhaus' o ddeunyddiau ac offer ar gyfer datblygiad creadigol. P'un ai bod gennych ddigon o le a system storio pwrpasol neu droli â thybiau hufen iâ arno, dylai'r lle hwyluso mynediad annibynnol at ddeunyddiau ac offer a'r cyfle i blant ddarganfod eu gwaith eu hunain ac i ddal ati gyda hynny. Yn ogystal, dylid darparu atgynyrchiadau o waith celf neu luniau o'r plant ar eu hymweliad â'r oriel. Ar ôl ymweliad ag oriel, gallai'r ardaloedd hyn gynnwys 'darpariaeth well' o ddeunyddiau mwy arbennig, neu newydd, neu anghyffredin a gafodd eu hysbrydoli'n arbennig gan y gwaith celf.

Adnoddau gwell

Mae'n bwysig cyflwyno adnoddau, deunyddiau ac offer newydd a chyffrous wrth ehangu datblygiad creadigol plant. Nid oes rhaid i'r broses o wella'r ddarpariaeth barhaus fod yn un ddrud. Gofynnwch i rieni a ffrindiau gasglu deunyddiau sgrap. Holwch am eich banc adnoddau sgrap lleol. Gwnewch ffrindiau gyda busnesau lleol sy'n gwaredu deynyddiau a allai fod yn ddefnyddiol i chi.

Gellir defnyddio bag o wlân neu rubannau i 'ddarlunio'. Gellir casglu gwastraff papur a dorrwyd i fyny ar gyfer gweithgaredd flaenorol a'u defnyddio i greu cyfansoddiadau. Gellir creu patrymau drwy ddefnyddio gwrthrychau bob dydd sydd i'w cael o amgylch yr ystafell ddosbarth. Yn ogystal, meddyliwch am bethau sgleiniog, pethau tryloyw a lliwiau anarferol.

Gall ehangu'r ddarpariaeth olygu eich bod yn gorfod cyfyngu ar ddewisiadau.

Mewn un prosiect rhoddwyd dim ond deunyddiau gwyn i'r plant eu defnyddio. Roedd rhain yn amrywio o ran siâp a gwead ac arlliw. Roedd hyn yn cynorthwyo plant i feddwl ac ystyried newidiadau cynnil o ran lliw.

Chwiliwch am gyfleoedd i blant ddefnddio offer a deunyddiau 'go iawn'.

Yn ystod gweithdy mewn un oriel cafodd y plant gyfle i ddefnyddio peiriant print a chafodd y plant gyfle i greu printiadau gan ddefnyddio offer sgrin-brintio go iawn.

Defnyddio amgylchedd yr ysgol yn greadigol

Meddyliwch yn greadigol ynglŷn â sut y gellir defnyddio rhannau eraill o'r ysgol. Mae gweithio allan yn yr awyr agored yn galluogi plant i weithio heb ofidio am greu annibendod, i weithio ar raddfa fwy ac i wneud cysylltiadau â'r byd naturiol. Meddyliwch am weithgareddau creadigol sy'n adeiladu ar fwynhad plant wrth iddynt ddarganfod a chasglu gwrthrychau naturiol.

Yn aml, defnyddiwyd neuaddau ysgolion i greu darnau mawr o waith celf, hyd yn oed os oeddent yn waith celf dros dro a gliriwyd i ffwrdd ar ôl cymryd ffotograffau ohono. Defnyddiwyd waliau allanol i osod darnau mawr o bapur ar gyfer dylunio arnynt, a defnyddiwyd gofodau iard chwarae ar gyfer peintiadau ar raddfa fawr, gwaith adeiladu a gwaith sy'n creu llanast.

Celf

ar draws y cwricwlwm

Celf ar gyfer datblygiad creadigol

Canolbwyntio ar y broses yn hytrach na'r cynnyrch terfynnol

Caniatewch i blant weithio ar eu casgliadau eu hunain, yn hytrach nag ar gynnyrch terfynnol a benderfynwyd o flaen llaw. Edrychwch ar y 'canlyniadau' fel yr hyn gall plant eu hennill drwy'r broses o archwilio a gwneud, nid yr hyn maent yn ei gynhyrchu yn y pen draw.

Gwerthfawrogwch syniadau ac archwiliadau plant

Parchwch lwybrau plant a'u darganfyddiadau unigol. Anogwch rhain, hyd yn oed pan maent yn ymddangos yn anghonfensiynol i lygaid oedolyn.

Yn ystod un prosiect cysylltodd un plentyn gyfres o olwynion car tegan i lwmpyn o glai, gan ddarganfod sut i gysylltu deunyddiau a dysgu am gydbwysedd.

Ysgogi gwahanol ddysgwyr

Cydnabyddwch bod plant yn ymateb i wahanol fathau o weithgareddau a darperwch ar gyfer gwahanol fathau o anghenion creadigol. Bydd rhai plant yn ymateb i brofiadau cyffyrddol sy'n creu llanast, tra byddai'n well gan eraill bod yn dwt a glân. Dewch i adnabod anghenion eich plant a meddyliwch am herio ynghyd â darparu ar gyfer eu dewisiadau.

Denu plant i mewn

Meddyliwch am ffyrdd i ddenu yn hytrach na chyfarwyddo plant i gymryd rhan mewn gweithgareddau creadigol. Ar adegau byddai eistedd a chreu rhywbeth eich hunan fel artist neu athro yn ddigon i adeiladu diddordeb. Does dim niwed mewn awgrymu bod plant yn troi eu dwylo at rywbeth newydd. Fodd bynnag, gwnewch hi'n hollol glir iddynt nad oes rhaid iddynt aros os nad ydynt yn dymuno.

Mewn nifer o brosiectau, cafodd y plant ryddid llwyr i ddewis, ac yn aml dewisodd y bechgyn beidio â chymryd rhan. Fodd bynnag, os gofynnwyd i bob un ohonynt gymryd rhan ar y cychwyn ond rhoddwyd y dewis iddynt adael pryd bynnag roeddent yn dymuno gwneud, yn aml y bechgyn oedd fwyaf brwdfrydig yn eu hymrwymiad a'r bechgyn arhosodd hwyaf.

Cael cydbwysedd rhwng gweithgareddau a gychwynwyd gan blant a'r gweithgareddau dan arweiniad oedolion

Mae dysgu effeithiol yn digwydd wrth i blant gael dewis beth i'w wneud ac yn ymuno â gweithgareddau a'u gadael pryd bynnag maent yn dymuno felly. Fodd bynnag, mae hefyd yn bwysig cyflwyno plant i ddeunyddiau newydd a'u prosesu drwy weithgareddau strwythuredig dan arweiniad oedolyn. Lle bynnag y bo'n bosibl, gellir ychwanegu'r gweithgareddau hyn at eich darpariaeth barhaus fel bod plant yn gallu parhau i archwilio a defnyddio'r sgiliau newydd hyn.

Gwneud llanast

Lle bynnag y bo'n bosibl gadewch i blant archwilio gweithgareddau hyd at y pwynt o greu 'llanast' neu 'ddinistrio'. Yn dilyn hyn, gallwch siarad â nhw am bryd y byddent wedi bod yn hapus i orffen, gan y bydd hyn yn gymorth iddynt ddechrau gwneud eu penderfyniadau eu hunain. Mae tynnu lluniau o'r broses hon yn gymorth mawr.

Diwedd un prosiect, lle dyluniwyd gwaith golosg cywrain, oedd ei orchuddio'n gyfan gwbl yn ddu. Tra roedd yr oedolion i gyd yn siomedig oherwydd bod dyluniadau hardd y plant wedi eu colli, roedd y plant yn gyffro i gyd am iddynt droi'r papur yn hollol ddu.

Mawr a bach

Meddyliwch am weithgareddau a fydd yn caniatau plant i brofi gweithio ar raddfa fawr iawn ac ar raddfa fach iawn.

Yn ystod un prosiect anogwyd plant i ddefnyddio brwshys bach ac i wneud y marciau lleiaf posibl. Mewn un arall, defnyddiodd plant frwshys paent wedi eu clymu i ddarnau o bren er mwyn creu marciau mawr iawn.

Gwaith celf dros dro

Does dim rhaid gosod gwaith celf plant. Meddyliwch am y gwerth sydd i greu gwaith celf 'heb lud' drwy osod gwrthrychau ar gefndir. Yn aml, wrth i ddarlun plentyn newid mae ystyron yn datblygu ac mae stori'n cael ei datgelu. Gellir cadw cofnod o'r camau hyn drwy dynnu lluniau.

Mewn nifer o brosiectau, crëwyd gwaith celf allan o ddeunyddiau naturiol gan gynnwys cerrig bach, jync, papur tusw, tecstiliau, rhuban, llinyn, botymau a mwclys.

Datblygu geirfa gelf

Peidiwch â bod ofn cyflwyno geiriau ac ymadroddion arbenigol celf. Os cyflwynir y rhain o fewn cyd-destun profiadau go iawn, byddant yn cael eu dysgu mewn modd ystyrlon a bydd y plant yn eu mwynhau. Gwnewch yn siwr bod plant yn eu defnddyio'n rheolaidd yn ystod eu gwaith.

Celf ar gyfer datblygiad personol a chymdeithasol, lles ac amrywiaeth diwylliannol

Ymdrin â themâu sensitif

Gall arddangosfeydd a gwaith celf gyflwyno themâu heriol. Yn hytrach na chilio rhag y materion hyn, defnyddiwch waith celf i sôn am ofnau plant. Ystyriwch sut y gellir trafod hyn yn effeithiol ac yn sensitif.

Roedd un arddangosfa o beintiadau o goetiroedd gwag, tywyll a thân. Neulltiwyd amser i archwilio'r teimladau roedd y rhain yn eu rhoi i'r plant.

Yn ystod ymweliad ag oriel, roedd yr athro'n gwybod y byddai'r plant yn gallu mynd mewni dwnel tywyll. Cyn yr ymweliad aeth y plant i ystafell dywyll eu hysgol gan drafod eu teimladau ynglŷn â thywyllwch.

Yn ystod un prosiect gwelodd y plant arddangosfa o anifeiliaid wedi eu stwffio, ac ysgogodd hyn drafodaeth ynglŷn â'r gwahaniaeth rhwng 'byw' a 'marw'.

Hyrwyddo ymdeimlad o hunan-les

Mae'n bwysig cydnabod yr ymdeimlad o les a boddhad llwyr mae plant yn eu hennill o ymweld ag orielau, gweld celf ac ymgolli yn eu creadigrwydd. Rhannwch y 'waw ffactor' gyda'r plant wrth iddynt fwynhau bod mewn oriel ac anogwch y plant i fwynhau'r gofod. Anogwch y plant i fwynhau pleserau synhwyrus deunyddiau celf.

Cyfrifoldeb ac annibyniaeth

Heriwch y plant i gymryd cyfrifoldeb a datrys problemau drostynt eu hunain. Wrth sefydlu gweithgareddau meddyliwch sut y gallai plant fod ar eu hennill drwy gymryd rhan weithredol.

Yn ystod un prosiect, gofynnwyd i blant rolio darn mawr o bapur allan yn iard yr ysgol ar ddiwrnod gwyntog. Fel rheol, oedolyn fyddai wedi gwneud hyn. Roedd yr her yn gyfoethog o ran dysgu am gydweithredu a datrys problemau.

Gweithio mewn timau

Meddyliwch am sut y gall gweithgareddau creadigol gynnig cyfleoedd i blant weithio mewn grwpiau ac mewn parau, gan helpu ei gilydd a datrys problemau gyda'i gilydd.

Yn aml, gofynnwyd am gydweithio fel tîm oherwydd graddfa'r gwaith creadigol. Mewn un prosiect, roedd yn rhaid i blant weithio gyda'i gilydd i rolio olwyn anferth i greu printiadau.

Pan roedd deunydd yn anodd i'w dorri, anogwyd y plant i'w ddal yn dynn ar gyfer eraill er mwyn gwneud y gwaith o'u torri'n haws.

Celf fel ffordd i mewn

Gall gweithgareddau gweledol a synhwyraidd gynnig ffordd effeithiol i blant sy'n eu chael hi'n anodd i gyfathrebu drwy gyfrwng geiriau. Defnyddiwch gelf a gweithgareddau creadigol fel dulliau i 'ganfod y ffordd i mewn' at y plant hynny sy'n ei chael hi'n anodd. Gellir defnyddio'r strategaethau a'r llwyddiannau hyn yn y dyfodol ac adeiladu arnynt mewn trafodaeth gyda'r plentyn.

Yn ystod un prosiect, cafodd bachgen, a oedd yn ei chael hi'n anodd cymdeithasu a chyfathrebu ag eraill, foment lle y torrodd drwy'r rhwystrau hyn wrth droelli rhubanau yn yr awyr gyda phlentyn arall er mwyn pleser.

Gwerthfawrogi syniadau unigol

Dathlu ymatebion anghonfensiynol neu anghyffredin a gwerthfawrogi'r ffordd wahanol mae plant yn gwneud pethau. Mae hyn o bwys wrth adeiladu hunan-barch plant.

Meddwl a rhesymu beirniadol

Oherwydd y gall gwaith celf fod yn gymhleth a haniaethol ar adegau, mae orielau'n lleoedd rhagorol i blant roi cynnig ar eu sgiliau meddwl a rhesymu.

Ar nifer o'r ymweliadau oriel, anogwyd y plant i weithio allan drostynt eu hunain yr hyn roeddent yn edrych arno neu sut y crëwyd gweithiau celf.

Ymwybyddiaeth ddiwylliannol

Gall celf gynnig cyfleoedd ardderchog i blant ddechrau adeiladu ymwybyddiaeth o draddodiad a gwahaniaeth diwylliannol. Edrychwch am weithiau lle mae'r artistiaid yn gwneud cyfeiriadau at hanes diwylliannol a straeon a chaniatewch i blant wneud eu dehongliadau eu hunain o'r hyn maent yn gweld.

Yng Nghonwy, roedd y gweithiau celf a welodd y plant yn ystod eu hymweliad â'r oriel yn cyfeirio at hanesion y Mabinogion, ac felly'n cynnig profiad pwysig o'r 'Cwricwlwm Cymreig'. Roedd y plant wedi eu cyfareddu gan y symbolau a'r delweddau Celtaidd yn y peintiadau gan greu eu syniadau eu hunain ynglŷn â'r hyn roedd yr hanesion o bosibl yn dweud.

Dathlu'r canlyniadau

Anogwch ymdeimlad y plant o hyder a lles drwy ddathlu'r canlyniadau. Cymerwch amser i edrych ar yr hyn mae'r plant wedi ei gyflawni a siaradwch am yr hyn maent wedi ei gyflawni.

Creodd nifer o ysgolion arddangosfa o luniau o brosesau creadigol y plant. Cynhaliodd llawer o ysgolion arddangosfeydd yn dogfenni'r gweithgareddau, a gwahoddwyd y rhieni i'r rhain.

Siarad am weithiau celf

Os ydych yn trafod gweithiau celf gan artistiaid neu'r plant eu hunain, gall siarad amdanynt ysgogi defnydd dychmygus a hyderus o iaith, yn enwedig lle mae plant ynghlwm wrth eu syniadau eu hunain. Defnyddiwch gwestiynau penagored i ymestyn iaith ddisgrifiadol plant:

Sut deimlad sydd iddo?
Beth ydych am ei wneud nesaf?
Pa fath o farc wnaeth eich bys chi?
Pa ran yw eich hoff ran?
Beth ddefnyddiwyd i'w wneud?
Beth allwch chi ei weld?
I ble rydych chi'n meddwl mae'r olion hyn yn arwain?

Datblygu sgiliau rhesymu

Gall trafod a gwneud synnwyr o weithiau celf gynnig cyfleoedd effeithiol i ddatblygu sgiliau rhesymu plant. Defnyddiwch gwestiynau i annog plant i weithio pethau allan.

Dinosor yw e.
Pam ydych chi'n credu mai dinosor yw e?
Mae'n grychiadau i gyd.
Ydych chi wedi gweld dinosor byw?
Na, mae pob dinosor wedi marw.
Sut ydych chi'n meddwl wnaethon nhw gymryd y ffotograff hwn?
Nid dinosor yw e, gallai fod yn grocodeil; maen nhw fel dinosoriaid.

Siarad â gweithio

Anogwch blant i siarad tra eu bod ynghlwm wrth weithgareddau creadigol. Gellir defnyddio'r hyn rydych yn ei glywed wrth wrando ar sylwadau a deialog, i ymestyn syniadau creadigol plant a'u defnydd o'r iaith lafar.

Rhoi cyfarwyddiadau

Ffordd dda o ysgogi plant i ddatblygu eu sgiliau siarad a gwrando yw gofyn i grŵp addysgu proses maent wedi ei gweld i grŵp arall o blant.

Yn ystod yr un broses, dangoswyd sut i osod a defnyddio gwasg argraffu broffesiynol i grŵp o blant. Yn dilyn hyn, gofynnwyd i'r grŵp addysgu'r grŵp nesaf ynglŷn â'r ffordd roedd yn gweithio.

Datblygu geirfa

Meddyliwch am eiriau celf y gellir eu cyflwyno, eu profi a'u hatgyfnerthu. Gall celf fod yn gyfrwng i blant brofi ystyr geiriau mewn ffordd gorfforol.

Allwch chi wneud rhai marciau sy'n lympiog / danheddog / sgrialog?

Allwch chi ddylunio'n ysgafn iawn / neu bwyso'n galed iawn?

Dyma linellau hardd. Sut fyddech chi'n eu disgrifio nhw?

Cysylltiadau ag ysgrifennu

Mae celf ac ysgrifennu yn ffurfiau symbolaidd a graffig o gyfathrebu. Mae plant ifanc ond yn dechrau gweld y gwahaniaeth rhyngddynt. Dylid annog creu marciau rhydd fel y gellir archwilio'r tebygrwydd a'r gwahaniaeth rhwng dylunio ac ysgrifennu.

Yn ystod un prosiect roedd plant yn defnyddio rhubanau i greu 'dyluniadau', pan ddechreuon nhw adnabod a chreu gwahanol lythrennau o'u gwirfodd. Anogodd yr athro hwn, gan ehangu'r archwilio hwn.

Adolygu gwaith

Gellir gwella ar ddatblygiad iaith plentyn wrth adolygu gwaith a lluniau fel grŵp neu'n unigol gydag artistiaid ac athrawon. Mae'r trafodaethau hyn yn cynnig cyfle i glywed hanesion disgrifiadol plant ynghyd â chyfle i ymarfer geirfa newydd, gan hyrwyddo sgiliau siarad a gwrando.

Datblygiad ychwanegol o iaith

Gall celf gynnig cyfrwng gwerthfawr gall plant ei ddefnyddio i edrych ar y byd fel un o nifer o ieithoedd. Meddyliwch am sut y gellir cefnogi a datblygu iaith gyntaf plentyn.

Mewn llawer o brosiectau penderfynwyd dewis artist oedd yn siarad Cymraeg. Yn ogystal, roedd nifer o swyddogion yr oriel addysg yn siarad Cymraeg ac roeddent yn gallu gweld defnydd o'r iaith ar arwyddion a labeli o amgylch yr oriel.

Defnyddiwyd strategau penodol i ddatblygu geirfa Gymraeg y plant, yn enwedig o amgylch themâu a chysyniadau celf. Cyflwynwyd geiriau Cymraeg newydd yn yr ystafell ddosbarth ac fe'u clywyd yn cael eu defnyddio unwaith yn rhagor yng nghyd-destun yr oriel.

Dysgu ynglŷn ag ardal

Mae ymweliadau ag orielau ac arddangosfeydd yn cynnig cyfleoedd da i'r plant ddod i adnabod eu hardal. Mae hyd yn oed y daith i'r oriel yn gyfle i ddysgu. Siaradwch am y profiad gyda'r plant a thrafodwch yr hyn maent yn tybio yw oriel.

Ar un ymweliad i'r oriel, treuliodd y plant ychydig o amser y tu allan yn ystyried yr adeilad, beth allai fod a beth allent eu darganfod y tu fewn iddo. Oherwydd ei ddrysau coch, roedd un plentyn yn tybio eu bod yn ymweld â gorsaf dân.

Meddwl am y byd

Fel rheol, mae arddangosfeydd a gweithiau celf yn drawsgwricwlaidd o'u hanfod, gan gynnig sbardun cychwyn da i blant archwilio themâu ynglŷn â'r byd o'u hamgylch.

Mewn un oriel, roedd lawer o beintiadau o dirlun Cymru. Roedd y plant wrth eu boddau gyda phortreadau o ffermwyr Cymru yn enwedig. Ehangwyd ar hyn drwy ddarganfod dillad priodol er mwyn gwisgo i fyny ynddynt. Yn dilyn hyn, buont yn lluniadu portreadau o'i gilydd.

Archwilio'r byd mewn ffyrdd gweledol a chyffyrddol

Gall gweithgareddau celf helpu plant i wneud cysylltiad uniongyrchol iawn gyda deall a gwerthfawrogi'r amgylchedd naturiol.

Yn ystod un prosiect, roedd plant yn gallu dylunio gyda golosg ar y creigiau yn ystod ymweliad â'r traeth. Yn ogystal, defnyddiwyd clai i brintio ac i beintio ar y creigiau.

Dod wyneb yn wyneb â deunyddiau newydd

Rhowch amser i blant archwilio deunyddiau celf a'u nodweddion. Siaradwch â hwy ynglŷn â'r hyn maent yn ei ddarganfod wrth weithio.

Canolbwyntiodd un prosiect ar glai. Yn gyntaf, torrodd plant ddarn o glai cadarn, a chawsant hwn yn anodd. Yn dilyn hyn, buont yn archwilio beth a ddigwyddai petai'n cael ei gymysgu â dŵr. Yn nes ymlaen, darganfu'r plant sut roedd yn caledu a sut roedd modd ei danio.

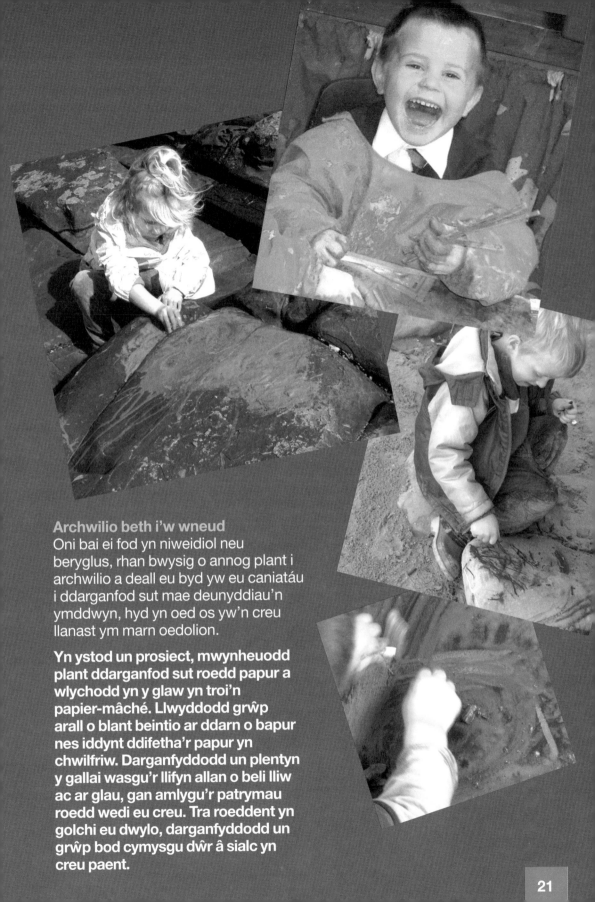

Archwilio beth i'w wneud

Oni bai ei fod yn niweidiol neu beryglus, rhan bwysig o annog plant i archwilio a deall eu byd yw eu caniatáu i ddarganfod sut mae deunyddiau'n ymddwyn, hyd yn oed os yw'n creu llanast ym marn oedolion.

Yn ystod un prosiect, mwynheuodd plant ddarganfod sut roedd papur a wlychodd yn y glaw yn troi'n papier-mâché. Llwyddodd grŵp arall o blant beintio ar ddarn o bapur nes iddynt ddifetha'r papur yn chwilfriw. Darganfyddodd un plentyn y gallai wasgu'r llifyn allan o beli lliw ac ar glau, gan amlygu'r patrymau roedd wedi eu creu. Tra roeddent yn golchi eu dwylo, darganfyddodd un grŵp bod cymysgu dŵr â sialc yn creu paent.

Defnyddio ystod o offer

Meddyliwch am sut y bydd yr ystod o offer rydych yn eu cynnig yn ysgogi plant i ddatblygu eu sgiliau motor cywrain a bras. Peidiwch ag ofni cyflwyno heriau corfforol.

Cafodd grŵp o blant gyfle i ddefnyddio gwasg argraffu fawr ac roedd yn rhaid iddynt weithio'n galed i droi'r ddolen. Mewn prosiect arall, darganfu'r plant bod rhaid iddynt weithio gyda'i gilydd i rolio teiars trwm ceir drwy baent.

Datblygu ymwybyddiaeth ofodol

Ystyriwch yn ogystal sut y gall gweithgareddau corfforol ddatblygu ymwybyddiaeth a dealltwriaeth ofodol plentyn.

Yn ystod un prosiect, gyrrodd plant feiciau tair olwyn drwy baent ac ar hyd darn o bapur. Roedd y plant yn hollol dawel wrth iddynt wneud hyn, gan ganolbwyntio'n galed ar gadw'r beic ar y darn o bapur tra, ar yr un pryd, ceisio edrych y tu ôl iddynt i weld y marciau roeddent wedi eu gwneud.

'Mae'r prosiect hwn wedi amlygu'r pwysigrwydd hanfodol bod y dull Cyfnod Sylfaen yn cael ei hyrwyddo gan oedolion creadigol sydd wedi eu hysgogi a'u hysbrydoli ac adnoddau real a chyffrous a mannau cychwyn fel orielau a gwaith celf.'

Athro Ymgynghorol Cyfnod Sylfaen

Celf ar gyfer datblygiad corfforol

Celf ar gyfer datblygiad mathemategol

Siâp

Yn aml bydd plant yn adnabod ac yn enwi siapiau yn yr hyn y maent yn ei greu a'i weld. Edrychwch am gyfleoedd i ymestyn a chefnogi'r diddordeb hwn.

Yn ystod un prosiect, dan arweiniad oedolyn, heriwyd y plant i wneud gwahanol siapau allan o'r deunyddiau roeddent yn eu defnyddio.

Rhifo

Chwiliwch am gyfleoedd i blant ddefnyddio eu sgiliau rhifo.

Sawl cath allwch chi eu gweld?
Gadewch i ni rifo tri chwpanaid o ddŵr i'w gymysgu â'r plaster.

Maint, graddfa a mesur

Gall celf gynnig cyfleoedd gwerthfawr i feddwl am faint a graddfa.

P'un yw'r llinell hiraf / dewaf / deneuaf rydych wedi ei dylunio?
Faint o bapur fydd ei angen arnom i lapio o amgylch y goeden?

Dosbarthu

Mae darpariaeth gyson o amrywiaeth o adnoddau yn annog plant i ddosbarthu, cymharu â chyferbynnu.

Yn ystod un prosiect, roedd y plant eu hunain yn gallu dethol anifeiliaid tegan yn ôl eu syniadau hwy am anifeiliaid 'neis' a 'chas'. Gofynnodd oedolyn iddynt am feddwl am ffordd arall o ddethol yr anifeiliaid – drwy liw, neu batrymau?

Oedolion
a'u rolau

P'un ai ymarferwyr Cyfnod Sylfaen, neu artistiaid neu addysgwyr oriel ydym ni, mae gennym rôl sylfaenol i'w chwarae mewn cefnogi ac ehangu dysg plant bach.

Mae angen i ni ystyried yn ofalus sut gall ein rhan ni gefnogi dysgu ein plant orau. Yn ogystal â darparu adnoddau ac ysbrydoliaeth, dylai hyn gynnwys:

- Bod yn wrandäwr ac yn arsylwr gweithredol, yn barod i ymateb i syniadau plant ac yn fodlon dilyn eu cyfarwyddiadau
- Defnyddio dialog i gysylltu â phrosesau dysgu plant ac i'w hannog i resymu a gweithio pethau allan
- Annog plant i fod yn hyderus yn eu syniadau a'u barnau eu hunain
- Modelu agwedd greadigol a chwareus sy'n profi i blant y gallant wneud yr un peth
- Bod yn barod i ddarganfod pethau ochr yn ochr â'r plant yn hytrach na chymryd rôl yr 'arbenigwr' bob tro
- Cynorthwyo plant i fod yn annibynnol a gwneud eu dewisiadau eu hunain
- Gosod yr heriau sy'n ymestyn disgwyliadau plant ohonynt eu hunain a'u hannog i ddatrys problemau
- Gwylio, dogfenni a chofnodi syniadau a chyraeddiadau plant fel sail i ddeall eu hanghenion, diddordebau a chyraeddiadau
- Myfyrio dros gyraeddiadau'r plant gyda hwy a dathlu eu llwyddiannau

Arlunwyr

yn gweithio mewn lleoliadau Blynyddoedd Cynnar

Gall artistiaid preswyl ddod â dimensiwn newydd i greu darpariaeth greadigol mewn ysgolion. Dyma rhai syniadau ynglŷn â gweithio'n effeithiol gydag artistiaid yng nghyd-destun y Blynyddoedd Cynnar.

Creadigrwydd fel plentyn
Mae yna baralelau bendigedig rhwng creadigrwydd plant ifanc a chreadigrwydd artistiaid. Yn aml gall plant ac arltistiaid ganfod ysbrydoliaeth ar y cyd o ran eu cywreinrwydd yn y byd, eu parodrwydd i roi cynnig ar bethau a gwneud cysylltiadau anghyffredin. Pan mae oedolion yn modelu creadigrwydd, mae hyn yn rhoi negeseuon pwerus i blant ynglŷn â'r hyn sy'n cael ei werthfawrogi.

Wrth gyrraedd yr ysgol, dywedodd un artist wrth y plant 'Rwy'n teimlo'n binc heddiw. Pa liw ydych chi'n ei deimlo?

Sgiliau unigryw
Ynghyd ag agweddau a syniadau creadigol bydd gan artistiaid sgiliau ac arbenigedd penodol. Gwahoddwch artistiaid i ddangos eu gwaith, eu hoffer a'u prosesau creadigol i'r plant. Meddyliwch am gychwyn prosiect drwy ofyn i artist eistedd yn dawel mewn cornel ystafell a gweithio wrth ei waith. Yn fuan, bydd y plant yn dangos eu cywreinrwydd ac yn dechrau holi cwestiynau.

Gweithio'n effeithiol gydag artistiaid
Dewiswch yr artistiaid hynny sy'n hapus i weithio mewn ffordd benagored, gan ymateb yn greadigol ac yn sythweledol i syniadau plant. Peidiwch â rhagdybio bod artistiaid yn gyfarwydd â dull y Cyfnod Sylfaen. Caniatewch amser ar ddechrau'r prosiect i roi cyfle i'r artist arsylwi eich dulliau chi, eich pedagogeg a'ch trefniadau ynghyd â dod i adnabod y plant.

Nid oedd gan bob artist a weithiodd ar y prosiectau gweithredu ymchwiliol brofiad blaenorol o weithio gyda grwpiau Blynyddoedd Cynnar. Fodd bynnag, roedd pob un ohonynt yn barod i ddysgu. Canfu'r artistiaid eu bod yn mwynhau'r modd roedd yn rhaid iddynt feddwl yn reddfol ac ar eu traed, gan ei gael yn ffordd greadigol ac ysbrydoledig iawn o weithio.

Artist ac ymarferwyr – perthynas greadigol

Dylai artistiaid ac athrawon weithio'n agos gyda'i gilydd, gan neilltuo amser i fod yn greadigol gyda'i gilydd wrth adolygu a chynllunio gweithgareddau. Fel ymarferydd fe fydd yr artist yn parchu eich sgiliau addysgu a'ch gwybodaeth arbenigol o'ch plant. Fel artist, bydd yr ymarferydd yn parchu eich arbenigedd a'ch creadigrwydd. Cydnabyddwch eich sgiliau gwahanol a siaradwch yn agored ynglŷn â sut y gall eich rolau ddod at ei gilydd wrth gynllunio, gyflwyno, arsylwi a dogfenni.

Mewn sawl prosiect, daeth athrawon ac artistiaid yn bartneriaid creadigol agos wrth gynllunio ar gyfer dysgu. Cydnabuwyd hwn fel perthynas gyffrous ac ysbrydoledig a fyddai'n parhau y tu hwnt i gyfnod y prosiect.

Ble i weithio

Ceisiwch sicrhau bod yr artist yn gallu gweithio yn yr ystafell dosbarth bob tro, yn hytrach na mewn gofod ar wahân. Yn y modd hwn, gellir integreiddio cyfleoedd creadigol yn ddi-dor â gweithgareddau eraill. Ymhellach, gall athrawon ac artistiaid ddysgu oddi wrth agweddau a syniadau ei gilydd.

Artistiaid fel arsylwyr a dogfenwyr

Fel rheol, mae artistiaid yn dda am arsylwi, storio tystiolaeth a chreu arddangosfeydd a dogfennaeth. Os byddwch yn gofyn i artistiaid ymgymryd â hyn, cytunwch o'r cychwyn a gwnewch yn siŵr bod yr amser maent wedi eu neilltuo ar gyfer hwn wedi ei gynnwys yn ddigonol yn eu costau.

Artistiaid fel ymgynghorwyr creadigol

Lle mae cyfyngiadau ar y cyllid, ystyriwch weithio gydag artistiaid fel ymgynghorwyr creadigol. Gall bore yng nghwmni artist fod yn gofnod boddhaol iawn. Gofynnwch iddynt am gymorth i sefydlu gweithfannau creadigol, gan gynhyrchu syniadau a bywiogi eich cynlluniau gydag awgrymiadau am adnoddau a deunyddiau. Meddyliwch hefyd am wahodd artistiaid i'ch cyfarfodydd staff neu ddiwrnodau hyfforddiant mewn swydd.

Diogelu

plant

Mae'n hanfodol rhoi ystyriaeth ofalus i ddiogelwch plant drwy gydol y prosiectau.

Gwneud i orielau celf ac orielau ymweld gynnig cyfleoedd i gefnogi plant i ddysgu sut i dderbyn y cyfrifoldeb am eu lles eu hunain. Ni ddylid ystyried osgoi defnyddio offer a deunyddiau y gellir eu hystyried yn beryglus cyhyd â'ch bod wedi gosod camau priodol yn eu lle i leihau'r peryglon.

Bydd pob awdurdod lleol yn darparu eu cyngor a'u protocolau eu hunain ynglŷn â diogelu plant. Gwnewch yn siŵr eich bod yn dilyn yr holl ganllawiau a deddfau perthnasol ynglŷn â:

- Gwiriadau'r Swyddfa Cofnodion Troseddol ar gyfer oedolion sy'n gweithio gyda phlant
- Iechyd a diogelwch wrth gyflwyno deunyddiau ac offer celf newydd
- Iechyd a diogelwch ar ymweliadau sy'n cynnwys sicrhau goruchwyliaeth ddigonol ar gyfer plant
- Cymryd a defnyddio delweddau o blant.

Os oes gennych unrhyw amheuaeth, gwiriwch y protocol a chynhaliwch asesiad risg ysgrifenedig i'w gadw ar ffeil.

Yn olaf, dyma rai meddyliau ynglŷn â chael gymaint o fudd â phosibl allan o brosiectau creadigol.

Amseriad

Er y gall rhai ysgolion osgoi prosiectau celf uchelgeisiol yn y blynyddoedd cynnar, mae llawer o brosiectau ymchwiliol yn awgrymu i'r gwrthwyneb.

Ym mlwyddyn olaf yr ymchwil gweithredol, cynhaliwyd prosiectau ar ddechrau tymor cyntaf y plentyn yn yr ysgol. Sylwodd yr ysgolion ar ba mor gyflym roedd y plant yn ennill hyder yn eu creadigrwydd eu hunain a'u hannibyniaeth. Cytunwyd bod canolbwyntio ar greadigrwydd ar ddechrau'r flwyddyn wedi gosod y plant ar y llwybr i fod yn ddysgwyr hyderus.

Ymrwymo rhieni

Meddyliwch ynglŷn â gwahodd rhieni a gofalwyr i'r ysgol i weithio gyda phlant neu drefnu dathliad neu arddangosfa. Gall y digwyddiadau hyn gynorthwyo rhieni i ddeall sut y gellir cefnogi a datblygu creadigrwydd eu plant.

Mewn un oriel, arddangoswyd ffotograffau a gwaith y plant ochr yn ochr â'r arddangosfa roedd y plant wedi ymweld â hi. Gwahoddwyd teuluoedd i ddangosiad preifat. Roedd y plant yn gallu tywys eu teuluoedd â balchder o amgylch yr oriel, gan ddangos yr arddangosfa iddynt ac esbonio beth roeddent wedi ei wneud.

Bloeddiwch amdano!

Wrth i chi weithio'n arbrofol ac ystyried yr hyn rydych wedi ei ddysgu, rydych yn gweithredu'n ymchwiliol. Byddwch yn hyderus ynglŷn â hyn. Siaradwch â'ch cysylltiadau awdurdod lleol ynglŷn â'r hyn rydych yn ei wneud. Efallai byddant yn gallu cynnig cymorth neu help gyda'r cynllunio. Yn ogystal, efallai byddai diddordeb ganddynt mewn dogfenni eich gwaith ar gyfer hyfforddiant ac eiriolaeth.

Roedd un ysgol yn gofidio y byddai Estyn ar ymweliad yn ystod eu prosiect celf. Fodd bynnag, cafodd yr arolygwyr argraff dda o'r gwaith a welsant a dderbyniodd y ddarpariaeth ar gyfer Datblygiad Creadigol yn y Cyfnod Sylfaen air da iawn yn yr adroddiad dilynol.

Adnoddau

a darllen ymhellach

Artists Working in Partnership with Schools (2004)
Ann Orfali, Arts Council England

Children, Art, Artists: The Expressive Languages of Children, The Artistic Language of Alberto Burri (2004)
Vea Vecchi a Claudia Giudici (Golygyddion), Reggio Children, Yr Eidal
Fersiwn Saesneg ISBN 978-88-87960-38-9
www.reggioemilia.org.nz

Listening to Young Children: the Mosaic Approach (2006)
Alison Clark a Peter Moss, NCB UK
ISBN 1900990628

Refocus Journal
Rhwydwaith y DU o addysgwyr, artistiaid ac eraill sy'n gweithio ym maes blynddoedd cynnar a ddylanwadwyd yn eu hymarfer gan gyn-ysgolion Reggio Emilia yw Refocus. Cynhyrchir y cylchgrawn Refocus Journal gan Sightlines Initiative www.sightlines-initiative.com

The Hundred Languages of Children (1996)
Catalog Arddangosfa, Plant Reggio
www.reggioemilia.org.nz

Watch This Space:
Galleries and Schools in Partnership (2008)
Penny Jones ac Eileen Daly (Golygyddion), engage. Llundain. ISBN 0-9536801-9-3
www.engage.org/publications

engage Cymru
www.engagecymru.org

Teaching and learning through art with children aged 3-7
A toolkit for artists, galleries and teachers

How red is red?

engage in the
visual arts

Fiona Godfrey

Contents

How red is red?

This toolkit provides ideas about how to use art works and galleries as starting points for teaching and learning with children aged 3-7.

All the ideas come directly from the experiences of teachers, artists and gallery educators involved in an action research programme that took place between 2005 and 2009. Funded by engage and seven local authorities, artists, galleries and early years settings came together to explore how children could learn through art in the context of the new Foundation Phase curriculum in Wales. In each project an artist worked with children at the gallery and back in school. Artists, teachers and classroom assistants together devised and led activities. Projects were extensively documented and evaluated.

The action research showed that visiting galleries and seeing art works first-hand can provide children with inspirational starting points and references, stimulating learning across the curriculum. Case studies and further information about the research findings can be found on the engage website **www.engage.org**.

'When we realised how many areas of learning we were covering, we realised that this wasn't an art day: this was a Foundation Phase day.'

Reception teacher

engage in the visual arts

engage, the National Association for Gallery Education, supports access to and the enjoyment of the visual arts through gallery education.

engage works in four main areas:

- **Professional Development for those working in gallery education** – conferences, seminars, training programmes and peer support

- **Advocacy** – promoting the unique role of gallery education to funders and decisionmakers and influencing policy and practice

- **Research** – gallery education projects and programmes

- **Dissemination** – sharing good practice through a twice-yearly journal, publications, a website and events

engage has 1100 members in the UK and internationally. Members include artists, teachers and gallery staff.

More information about **engage** and the **engage in the Foundation Phase** action research programme can be found at www.engage.org

The Foundation Phase is the statutory curriculum framework for 3 to 7 year-olds in Wales.

The Foundation Phase was introduced to all 3 to 4 year-olds in September 2008 and then to older age groups year on year, in order to be fully implemented for 7 year-olds from September 2011. Guidance from the Welsh Assembly Government[1] describes how the Foundation Phase framework encourages a flexible approach to learning that meets the needs of all children, whatever their pace and pattern of development.

The Foundation Phase curriculum emphasises:

- That play should be the main vehicle for children's learning
- The importance of creating learning environments that stimulate children's development and natural curiosity to explore and learn
- The centrality of children's emotional development and wellbeing
- The importance of providing a rich variety of media and resources with which children can explore and express themselves
- Respect for children's individual ideas, interests and forms of expression
- That learning should take place through a balance of child-initiated and adult-led activities
- That learning should be holistic, rather than limited to any one curriculum area

The seven Foundation Phase curriculum Areas of Learning are:

- Creative development
- Personal and social development, wellbeing and cultural diversity
- Language, literacy and communication skills
- Welsh language development
- Mathematical development
- Knowledge and understanding of the world
- Physical development

[1] (2006) Welsh Assembly Government, *Framework for Children's Learning for 3 to 7 year-olds in Wales*.

Visiting

galleries with young children

Taking young children to a gallery may seem a daunting prospect. However, the action research showed just how valuable the experience can be. Here are some ideas to help with planning a visit.

Selecting exhibitions

Children will find their own response to whatever they see, so there's no need to agonise about selecting just the right exhibition to visit. Your role as adult is to support and extend children's instinctive responses, so you don't need to be an expert about the works on show.

When to visit

It's easy to assume that a gallery visit is best at the beginning of a project. However it's often valuable for children to make their own creative work first. This way they will see connections with their own work and feel less pressure to emulate what artists have done.

During one project, children experimented with mixing sand into paint. This was a technique used by the artist whose paintings they were to see. As a result, children found an immediate connection with the paintings and had good ideas about how he had made his work. In another project, children made tracks with paint and in flour paste before seeing paintings depicting tracks and trails.

'The art gallery is a fantastic provocation.'

Nursery teacher

Repeat visits

Where the gallery is close by, consider a repeat visit. When children return to see the same exhibition after making their own work you'll see changes in their vocabulary and confidence.

Making the most of gallery visits

Plan your visit to allow children to explore at their own pace. Have plenty of short, varied activities at the ready. These could include for example:

- Choosing and talking about favourite art works
- Challenges – 'can you find something red/ tiny/ huge?' etc
- Photographing chosen art works
- Using physical movement to explore the architectural space
- Looking at the building from the outside and from the inside
- Practical art activities

Making art in the gallery space

With art on display and plenty of space, galleries can be great places for children to make art. Most galleries will support this. Simply provide resources and allow children to develop their own ideas and connections with the art they see.

Activities could include:

- Drawing and sketching – for example using large sheets of paper on the floor
- Tearing and cutting paper to make shapes
- Temporary collages with clean objects and materials such as ribbons, wool, stones, shells or tissue paper

Linking art with real experiences

Think about ways you can bring art works alive by making links to children's real-life experiences.

During one project, the children visited the beach. At the gallery they were excited to see a painting of the very beach they'd visited.

Reminding children of their visit

It's always valuable to provide ways that children can reflect on their visit. Display photographs of children on their visit or mount them in a book or folder. Buy postcards of art works and laminate them. Have these accessible for children when doing creative work. Galleries will also often be willing to provide jpeg images to show on screen.

The desire to touch

A challenge for many galleries is that young children will instinctively want to touch the art works they see. Consider having some relevant objects to hand that can be handled. You can then discuss with children why some objects are more precious than others and can't be touched.

Creative
learning spaces

Creating the right spaces for creative work is a fundamental aspect of the Foundation Phase approach. Although primarily geared towards work in classrooms, this section provides food for thought for galleries too.

Creative learning environments

Early years classrooms should have a 'continuous provision' of materials and equipment for creative development. Whether you have plenty of space and a smart storage system or a trolley with ice cream tubs on, spaces should enable independent access to materials and equipment and the scope for children to find and continue with their own work. Reproductions of art works or photographs of children at the gallery could also be provided. Following a gallery visit, these areas might include the 'enhanced provision' of more special, new or unusual materials inspired by the art works.

Enhanced resources

Introducing new and exciting resources, materials and equipment is important in extending children's creative development. Enhancing the continuous provision doesn't have to be expensive. Ask parents and friends to collect scrap materials. Find out about your local scrap resource bank. Make friends with local businesses who are throwing away materials that might be useful to you.

A bag of wool or ribbons can be used for 'drawing'. Leftovers of cut paper from a previous activity might be collected to make compositions. Everyday objects from around the classroom can be used to make patterns. Think too about sparkly things, see-through things and unusual colours.

Enhancing provision can also mean limiting choices.

In one project children were only given white materials to work with. These were diverse in shape and texture and shade. This helped children think about subtle differences in colours.

Look for opportunities for children to use 'real' equipment and materials.

During one gallery children worked with a printmaker and were able to make prints using real screen-printing equipment.

Using the school environment creatively

Think creatively about how other school spaces might be used for creative work. Working outdoors enables children not worry about mess, to work on a larger scale and to make connections with the natural world. Think about creative activities that build on children's enjoyment of finding and collecting natural objects.

School halls were often used to create large art works, even if these were temporary art works that were photographed and then cleared away. Outdoor walls were used to mount large paper for drawing on, and playground spaces were used for large-scale painting, construction and messy work.

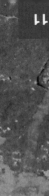

11

Art

across the curriculum

Focus on process rather than end product

Allow children to work to their own conclusions, rather than to a pre-determined end product. Look upon 'outcomes' as what children gain from the process of exploring and making, not what they finally produce.

Value children's ideas and explorations

Respect children's journeys and the individual discoveries they make. Encourage these, even where they might seem unconventional through an adult's eyes.

During one project a child joined a set of toy car wheels to a lump of clay, discovering how to connect materials and learning about balance.

Motivating different learners

Acknowledge that children respond to different kinds of activity and cater for different creative needs. Some children will respond to messy, tactile experiences while others will prefer being neat and clean. Get to know your children's needs and think about challenging, as well as catering for, their preferences.

Enticing children in

Think about how to entice, rather than direct children to take part in creative activities. Sometimes simply sitting and doing something creative yourself as artist or teacher will build interest. There's no harm in suggesting children try something new. However, make it clear they don't have to stay if they don't want to.

In several projects, if they were given a completely free choice, the boys frequently chose not to take part. However, if they were all asked to take part at the beginning but then given the option of leaving when they wanted to, it was often the boys who got most enthusiastically involved and stayed the longest.

Art for creative development

Balancing child-initiated and adult-led activities

Effective learning takes place where children have a choice and are able to join and leave activities as they wish. However, it's also important to introduce children to new materials and processes through structured adult-led activities. Where possible, these activities can be added to your continuous provision so that children can continue to explore and use these new skills.

Making a mess

Where possible, allow children to explore activities to the point of being 'messy' or 'destructive'. Afterwards, you can talk to them about when they think they might like to have stopped, as this will help them start to make their own judgments. Photographing this process is a big help.

During one project a large, delicate charcoal drawing ended up becoming completely covered in black. While the adults were disappointed that the children's beautiful drawings had disappeared, the children were excited about having made the paper all black.

Large and small

Think about activities that will allow children to experience working on both a very large and a very tiny scale.

In one project children were encouraged to use tiny brushes and make the smallest marks they could. In another, children used paintbrushes attached to sticks to make very big marks.

Ephemeral art works

Children's art works don't have to be fixed. Think about the value of making 'no-glue' art works from objects placed on a background. Often a story emerges as a child's picture changes and meanings develop. These stages can be photographed as a record.

In many projects, art works were made from natural materials including pebbles, junk, tissue paper, textiles, ribbon, string, buttons and beads.

Developing art vocabulary

Don't be afraid of introducing specialised art words and phrases. If these are introduced in the context of real experiences, they will be learned in a meaningful way and enjoyed. Make sure children get to use these regularly in the course of their work.

Art for personal and social development, wellbeing and cultural diversity

Dealing with sensitive themes

Exhibitions and art works can introduce challenging themes. Rather than shying away from these issues, use art works to talk about children's fears. Give thought to how this can be handled effectively and sensitively.

One exhibition was of paintings of dark, empty woodlands and fire. Time was given to exploring the feelings that these paintings gave the children.

On one gallery visit, the teacher knew that the children would be able to go into a dark tunnel. Before visiting the children visited the darkroom at their school and talked about their feelings about darkness.

During one project children visited a display of stuffed animals that prompted discussion of the difference between 'alive' and 'dead'.

Promoting a sense of wellbeing

It's important to acknowledge the sense of wellbeing and sheer joy that children can gain from visiting galleries, seeing art and revelling in their creativity. Relish with children the 'wow factor' that being in a gallery can engender and encourage children to enjoy the space. Encourage children to enjoy the sensory pleasures of art materials.

Responsibility and independence

Challenge children to take responsibility and solve problems for themselves. When setting up activities think how children might benefit from being actively involved.

During one project, children were asked to roll out a large sheet of paper in the playground on a windy day. Normally an adult would have done this. The challenge was rich in learning about collaboration and problem-solving.

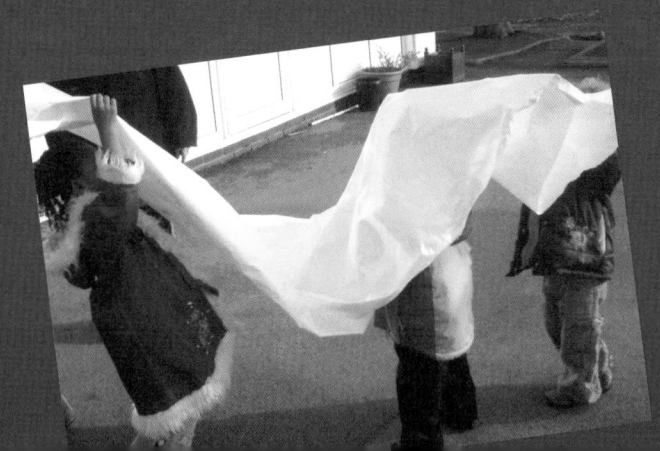

Working in teams

Think about how creative activities can offer children opportunities to work in groups and pairs, helping each other and solving problems together.

Collaborative team work was often demanded by the scale of creative work. In one project children had to work together to roll a giant tyre to make prints.

Where material was hard to cut with scissors, children were encouraged to hold it taut for each other making it easier to cut.

Art as a way in

Visual and sensory activities can offer an effective way in for children who find words a challenging form of communication. Use art and creative activities as means of 'finding ways in' with children who struggle. These strategies and successes can be used in the future and built on in discussion with the child.

During one project, a boy who found socialising and communicating a challenge had a breakthrough moment when simply whirling ribbons in the air for pleasure with another child.

Valuing individual ideas

Celebrate unconventional or unusual responses and value the way children do things differently. This is important in building children's self-esteem.

Critical thinking and reasoning

Because art works can sometimes be complex and abstract, galleries are excellent places for children to try out their thinking and reasoning skills.

On many of the gallery visits, children were encouraged to work out for themselves what they were looking at or how art works might have been made.

Cultural awareness

Art can offer wonderful opportunities for children to start to build awareness of cultural tradition and difference. Look for art works in which artists make reference to cultural histories and stories and allow children to make their own interpretations of what they see.

In Conwy, the art works the children saw on their gallery visit made reference to the stories of the Mabinogion, and thus provided an important experience of the 'Cwricwlwm Cymreig', the Wales-specific elements of the curriculum. The children were intrigued by the Celtic symbols and imagery in the paintings and invented their own ideas about what stories these might be telling.

Celebrating outcomes

Encourage children's sense of confidence and wellbeing by celebrating outcomes. Take time to look at what children have done and talk about what they've achieved.

Many schools displayed photographs of the children's creative processes. Several schools held exhibitions documenting activities, to which parents were invited.

Talking about art works

Whether made by artists or by children themselves, talking about art works can prompt imaginative and confident language use, particularly where children are involved in their own ideas. Use open-ended questions to extend children's descriptive language:

What does it feel like?
What will you do next?
What kind of mark did your finger make?
Which bit do you like best?
What's it made of?
What can you see?
Where do you think those tracks go?

Developing reasoning skills

Talking about and making sense of art works can offer effective opportunities to develop children's reasoning skills. Use questions to encourage children to work things out.

It's a dinosaur.
What makes you think it's a dinosaur?
It's all wrinkly.
Have you seen a live dinosaur?
No, all the dinosaurs are dead.
How do you think they took this photograph?
It's not a dinosaur, it could be crocodile; they're like dinosaurs.

Talking when working

Encourage children to talk when engaged in creative activity. Listening to children's commentary and dialogue can be used to extend children's creative ideas and their use of spoken language.

Giving instructions

A good way of challenging children to develop their speaking and listening skills is to ask a group to teach a process they've been shown to another group of children.

During one project children were shown how to set up and use a professional printing press. The group were then asked to teach the next group how it worked.

Developing vocabulary

Think about how art words can be introduced, experienced and reinforced. Art can allow children to experience the meanings of words in a physical way.

Can you make some bumpy / jagged / wiggly marks?

Can you draw very softly / press very hard?

Those are lovely lines. How would you describe them?

Links to writing

Art and writing are both forms of graphic communication. Young children are just beginning to make distinctions between them. Free mark-making should be encouraged so that the similarities and differences between drawing and writing can be explored.

During one project children were using ribbons to make 'drawings', when they spontaneously started identifying and making different letters. The teacher encouraged and extended this exploration.

Reviewing work

Children's language development can be enhanced by reviewing work and photographs as a group or individually with artists and teachers. These discussions provide the opportunity to hear children's descriptive stories as well as the chance to rehearse new vocabulary, encouraging both speaking and listening skills.

Additional language development

Art can offer a valuable means by which children can come to see the world as one of many different languages. Think about how children's first language can be supported and developed.

In many projects the choice was made to appoint Welsh-speaking artists. The Welsh language was also used by many of the gallery education officers and seen in use on signs and labels around the galleries.

Specific strategies were used to develop children's Welsh vocabulary, particularly around art themes and concepts. New Welsh words introduced in the classroom were heard and used again in the gallery context.

Learning about locality

Visits to galleries and exhibitions offer good opportunities for children to get to know their locality. Even the journey to the gallery is an opportunity for learning. Talk about the experience and discuss with children what they think a gallery is.

On one gallery visit, children first spent time outside thinking about what the building might be and what they might find inside. Because of its red doors, one child thought perhaps they were visiting a fire station.

Thinking about the world

Exhibitions and art works are usually cross-curricular by nature, providing good springboards for children to explore themes about the world around them.

At one gallery, there were many paintings of the Welsh landscape. The children particularly enjoyed finding portraits of Welsh farmers. This was extended by finding appropriate clothes to dress up in. They then drew portraits of each other.

Exploring the world in visual and tactile ways

Art activities can help children to make a very direct connection with understanding and appreciating the natural environment.

During one project, children visiting the beach were able to draw on the rocks with charcoal. They also used clay to print and paint on the rocks

Encountering new materials

Allow children time to explore art materials and their properties. Talk with them about what they're discovering as they work.

One project focused on clay. Children first cut firm clay, which they found quite difficult. They then explored what happened when it was mixed with water. Later they found out how it hardened and could be fired.

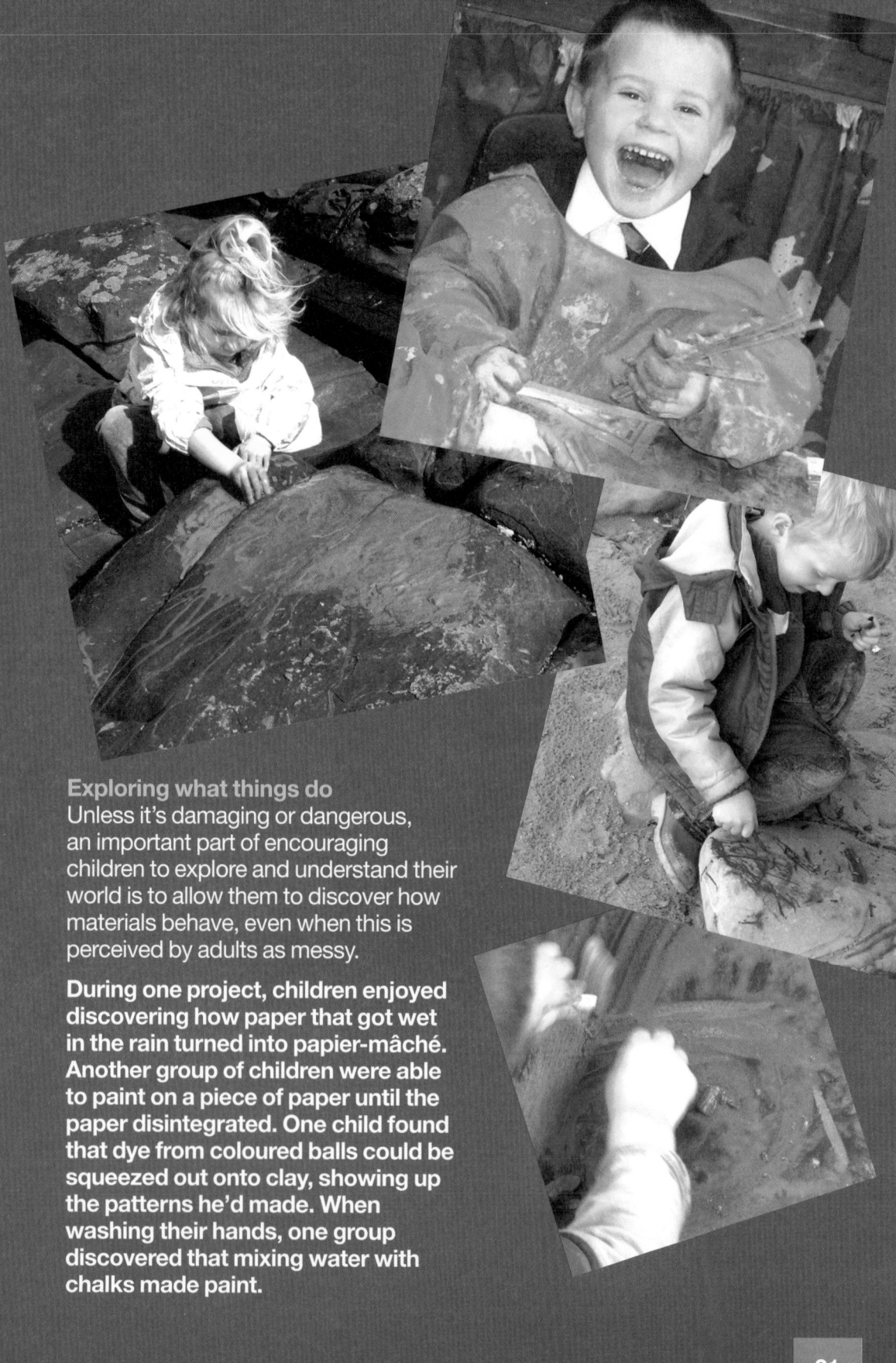

Exploring what things do
Unless it's damaging or dangerous, an important part of encouraging children to explore and understand their world is to allow them to discover how materials behave, even when this is perceived by adults as messy.

During one project, children enjoyed discovering how paper that got wet in the rain turned into papier-mâché. Another group of children were able to paint on a piece of paper until the paper disintegrated. One child found that dye from coloured balls could be squeezed out onto clay, showing up the patterns he'd made. When washing their hands, one group discovered that mixing water with chalks made paint.

Using a range of tools

Think about how the range of tools you offer will challenge children to develop their fine and gross motor skills. Don't be afraid of introducing physical challenges.

A group of children were able to use a large printing press and had to work hard to turn the handle. In another project, children found they needed to work together to roll heavy car tyres through paint.

Developing spatial awareness

Think about how physical activities can also develop children's spatial awareness and understanding.

During one project, children rode tricycles through paint and along a sheet of paper. Children were absolutely silent as they did this, having to concentrate really hard to keep the tricycles on the paper while also wanting to look around and see the marks they had made.

'This project has emphasised the vital importance of the Foundation Phase approach being facilitated by motivated, inspired, creative adults and real, exciting resources and starting points such as galleries and art works.'

Reception teacher

Shape

Children will often recognise and name shapes in what they make and see. Look for opportunities to extend and endorse this interest.

During one project, an adult-led activity challenged children to make different shapes from the materials they were using.

Counting

Look for opportunities for children to use their counting skills.

How many cats can you see?
Let's count three cups of water to mix with the plaster.

Size, scale and measurement

Art can offer valuable opportunities to think about size and scale.

Which is the longest / fattest / thinnest line you've drawn?
How much paper will we need to wrap around the tree?

Sorting

Continuous provision of a range of resources encourages children to sort, compare and contrast.

During one project, the children themselves chose to sort toy animals according to their ideas of 'nice' and 'nasty' animals. They were asked by an adult how else they might sort the animals – by colour, by pattern?

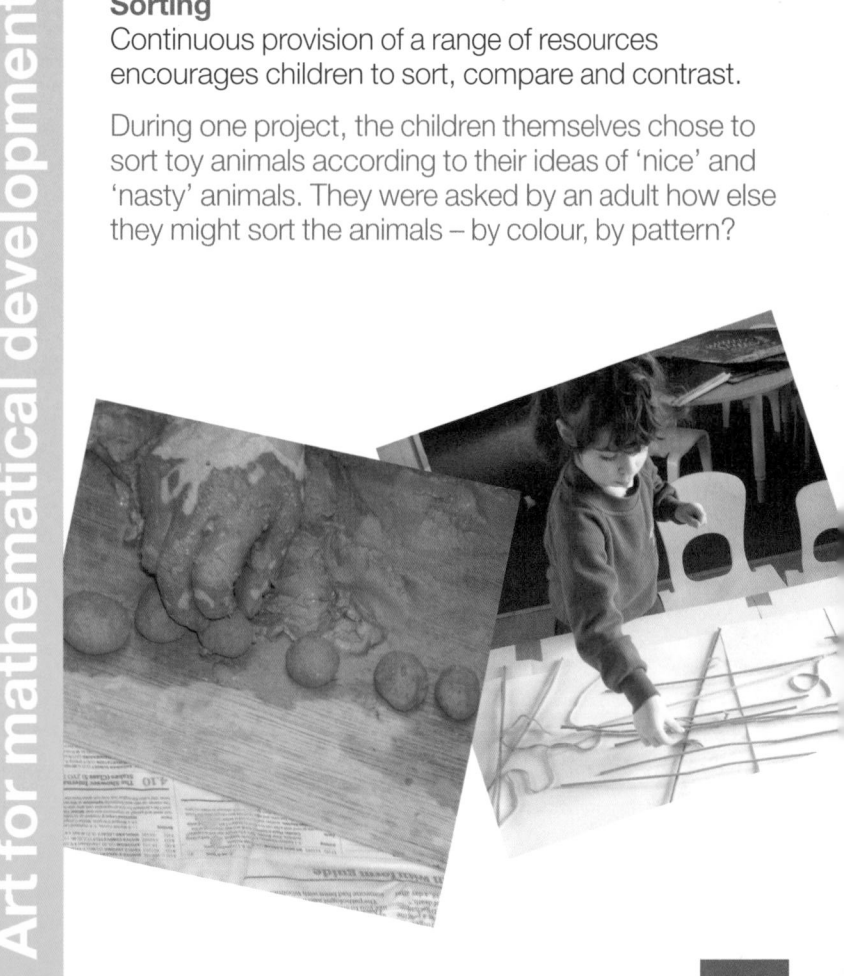

Adults
and their roles

Whether we are teachers, classroom assistants, artists or gallery educators, we have a fundamental role to play in supporting and extending young children's learning.

We need to think carefully about how our role can best support children's learning. As well as providing resources and inspiration, this should include:

- Being an active listener and observer, ready to respond to children's ideas and happy to follow their directions
- Using dialogue to engage with children's learning processes and to encourage them to reason and work things out
- Encouraging children to be confident in their own ideas and opinions
- Modelling a creative, playful approach that shows children they can do the same
- Being willing to find things out alongside the children rather than always taking the role of 'expert'
- Supporting children to be independent and make their own choices
- Setting challenges that stretch children's expectations of themselves and encourage them to solve problems
- Watching, documenting and recording children's ideas and achievements as the basis for understanding their needs, interests and accomplishments
- Reflecting with children on their achievements and celebrating their successes

Artists

working in Early Years settings

Artists in residence can bring new dimensions to creative provision in schools. Here are some ideas about working effectively with artists in the Early Years context.

Childlike creativity

There are wonderful parallels between the creativity of young children and the creativity of artists. Children and artists often find mutual inspiration in their curiosity in the world, their willingness to try things out and make unusual connections. When adults model creativity, this gives children powerful messages about what is valued.

One artist, on arriving at school, said to the children 'I feel pink today. What colour do you feel?'

Unique skills

As well as creative approaches and ideas, artists will have particular skills and expertise. Invite artists to show their work, tools and creative processes to the children. Think about starting a project by simply asking an artist to sit quietly in a corner of the room making their own work. Children will soon become very curious and start asking questions.

Working effectively with artists

Look for artists who are happy to work in an open-ended way, responding creatively and intuitively to the children's ideas. Don't assume that artists will be familiar with the Foundation Phase approach. Always allow some time at the start of a project for the artist to observe your approaches, pedagogy and routines as well as getting to know the children.

Not all artists who worked on the action research projects had prior experience of working with Early Years groups. However, they were all willing to learn. They found they relished the ways in which they had to think intuitively and on their feet, finding this a creative and inspiring way of working.

Artist and practitioner – a creative relationship

Artists and teachers should work closely together, making time to be creative together when reviewing and planning activities. Schools can value artists for their specialist skills and creativity. Artists can look to practitioners for their expert knowledge of teaching and of the children in their class. Acknowledge your different skills and talk openly about how your roles can come together in planning, delivery, observation and documentation.

In many projects, teachers and artists became close creative partners in planning for learning. This was acknowledged as an exciting and inspiring relationship that would last beyond the duration of the project.

Where to work

Always try and ensure that the artist can work in the classroom, rather than in a separate space. This way, creative opportunities can be more seamlessly integrated with other activities. Furthermore, teachers and artists can learn from each other's approaches and ideas.

Artists as observers and documenters

Artists are usually good at observing, capturing evidence and creating displays and documentation. If you do ask an artist to take this on, agree it at the beginning and make sure that the time they spend on it is covered adequately in their fee.

Artists as creative consultants

Where budgets are limited, think about working with artists as creative consultants. A morning with an artist can be time well spent. Ask them for help with establishing creative workspaces, generating ideas and enlivening your planning with suggestions of resources and materials. Think too about asking artists to contribute to staff meetings or INSET days.

Safeguarding

children

Throughout projects, it is vital to give careful consideration to children's safety

Making art and visiting galleries offer valuable opportunities to support children to learn how to take responsibility for their own wellbeing. Using tools and materials that may be considered risky shouldn't necessarily be avoided as long as appropriate measures are put in place to reduce risk.

Every local authority will provide their own advice and protocols about safeguarding children. Make sure you follow all relevant guidelines and laws regarding:

- CRB checks for adults working with children
- Health and safety when introducing new art materials and equipment
- Health and safety on visits, including ensuring adequate adult supervision
- Taking and using photographs of children

If you're in any doubt, check protocol and carry out a written risk assessment to be kept on file.

Finally, here are some thoughts about getting as much benefit as possible from creative projects.

Timing

Although some schools might avoid an ambitious art project early in the school year, several action research projects suggested otherwise.

In the final year of action research, projects took place at the beginning of the children's first term in school. The schools noticed how quickly children became confident in their own creativity and independence. They agreed that focusing on creativity at the start of the year had set the children up well as confident learners.

Involving parents

Think about inviting parents and carers into school to work with children or staging a celebratory event or exhibition. These events can help parents understand how their children's creativity can be supported and developed.

One gallery exhibited photographs and children's work alongside the exhibition the children had visited. Families were invited to a private view. The children were proudly able to take their families around the gallery, showing them the exhibition and explaining what they'd been doing.

Shout about it!

When you work experimentally and reflect on what you've learned, you're doing action research. Be confident about this. Talk to your local authority contacts about what you're doing. They may be able to provide support or help with planning. They might also be interested in documenting your work for training and advocacy.

One school was alarmed to find that Estyn (the Welsh equivalent of Ofsted) would be visiting during their art project. However, inspectors were impressed by the work they saw and provision for Creative Development in the Foundation Phase received a very favourable mention in the subsequent report.

Resources

and further reading

Artists Working in Partnership with Schools (2004)
Ann Orfali, Arts Council England

Children, Art, Artists: The Expressive Languages of Children, The Artistic Language of Alberto Burri (2004)
Vea Vecchi and Claudia Giudici (Eds), Reggio Children, Italy. English version ISBN 978-88-87960-38-9
http://www.sightlines-initiative.com

Listening to Young Children: the Mosaic Approach (2006)
Alison Clark and Peter Moss, NCB UK
ISBN 1900990628

Refocus Journal
Refocus is the UK network of early childhood educators, artists and others influenced in their practice by the pre-schools of Reggio Emilia. Refocus Journal is produced by the Sightlines Initiative www.sightlines-initiative.com

The Hundred Languages of Children (1996)
Exhibition Catalogue, Reggio Children
http://www.sightlines-initiative.com

Watch This Space:
Galleries and Schools in Partnership (2008)
Penny Jones and Eileen Daly (Eds), engage, London
ISBN 0-9536801-9-3
www.engage.org/publications

engage Cymru
www.engagecymru.org